DATE DUE

SEP 26	
DEC	
29 08	

¿Qué puede?

¿Qué puede volar?

Patricia Whitehouse

Traducción de Patricia Abello

Heinemann Library
Chicago, Illinois

Designed by Sue Emerson, Heinemann Library; Page layout by Que-Net Media™
Printed and bound in the U.S.A. by Lake Book Manufacturing
Photo research by Bill Broyles

08 07 06 05 04
10 9 8 7 6 5 4 3 2 1

Library of Congress Cataloging-in-Publication Data
Whitehouse, Patricia, 1958-
   [What can fly? Spanish]
   ¿Qué puede volar? / Patricia Whitehouse; traducción de Patricia Abello.
       p. cm. – (Qué puede?)
   Includes index.
Summary: An introduction to the principles of flight describing the animals, insects, people, and machines that can or cannot fly.
ISBN 1-4034-4385-8 (HC) – ISBN 1-4034-4392-0 (pbk.)
1. Flight—Juvenile literature. 2. Animal flight— Juvenile literature. [1. Flight. 2. Animal flight.
3. Spanish language materials.] I. Title.
QP310.F5W4818 2003
573.7'98—dc17

                                    2003051068

Acknowledgments
The author and publishers are grateful to the following for permission to reproduce copyright material:
p. 4 M. C. Chamberlain/DRK Photo; p. 5 George J. Sanker/DRK Photo; p. 6 Maslowski/Visuals Unlimited; p. 7 Chris Collins/Corbis; p. 8 Joe McDonald/Visuals Unlimited; p. 9 Kennan Ward/Corbis; p. 10 Michael Durham/DRK Photo; p. 11 Robert Prickett/Corbis; p. 12 Frans Lanting/Minden Pictures; p. 13 Joe McDonald/DRK Photo; p. 14 P. Parks/NHPA; p. 15 Charles Melton/Visuals Unlimited; p. 16 Norbert Wu/DRK Photo; p. 17 Index Stock Imagery; p. 18 Dave B. Fleetham/Visuals Unlimited; p. 19 Corbis; p. 20 Philippe Moulu/Vandystadt/Photo Researchers, Inc.; p. 21 Courtesy Warner Brothers; p. 22 (row 1, L-R) Kennan Ward/Corbis, Michael Durham/DRK Photo; (row 2, L-R) Charles Melton/Visuals Unlimited, Courtesy Warner Brothers; p. 23 (row 1, L-R) Charles Melton/Visuals Unlimited, Joe McDonald/DRK Photo, Jane McAlonan/Visuals Unlimited; (row 2, L-R) Dave B. Fleetham/Visuals Unlimited, Frans Lanting/Minden Pictures, Robert Prickett/Corbis; (row 3, L-R) Norbert Wu/DRK Photo, Corbis, Courtesy Warner Brothers; (row 4, L-R) Norbert Wu/DRK Photo, Index Stock Imagery, Philippe Moulu/Vandystadt/Photo Researchers, Inc.; p. 24 (row 1, L-R) Michael Durham/DRK Photo, Charles Melton/Visuals Unlimited; (row 2) Kennan Ward/Corbis; (row 3) Courtesy Warner Brothers; back cover (L-R) Joe McDonald/Visuals Unlimited, Corbis

Cover photograph by Maslowski/Visuals Unlimited

Every effort has been made to contact copyright holders of any material reproduced in this book.
Any omissions will be rectified in subsequent printings if notice is given to the publisher.

Special thanks to our advisory panel for their help in the preparation of this book:
Anita Constantino   Leah Radinsky
Literacy Specialist   Bilingual Teacher
Irving, TX   Chicago, IL

Aurora García   Ursula Sexton
Reading Specialist   Researcher, WestEd
San Antonio, TX   San Ramon, CA

Unas palabras están en negrita, **así.**
Las encontrarás en el glosario en fotos de la página 23.

Contenido

¿Qué es volar?

Volar es un modo de moverse.

Las criaturas que vuelan se mueven por el aire.

Las criaturas que vuelan empiezan en el suelo o en el agua.

Usan las alas para elevarse.

¿Cómo vuelan los seres vivos y las cosas?

ala

Las criaturas que vuelan tienen alas.

Mueven las alas para seguir volando.

ala

Las cosas que vuelan también tienen alas.

Pero estas alas no se mueven.

¿Pueden volar todos los pájaros?

plumas

Las alas de los pájaros están cubiertas de plumas.

Las plumas les ayudan a algunos pájaros a volar.

8

Los **avestruces** también tienen
plumas en las alas.

Pero son demasiado pesados
para volar.

¿Pueden volar los insectos?

Las abejas son insectos con alas.

Pueden volar.

Los **tisanuros** son insectos que no pueden volar.

Pero pueden saltar y arrastrarse en la tierra.

¿Pueden volar los animales pequeños?

Éste es un **murciélago frugívoro**.

Puede volar.

Las **ardillas voladoras** son animales
pequeños que no pueden volar.

En cambio, planean de árbol
en árbol.

¿Cuántas alas se necesitan para volar?

Algunos seres vivos pueden volar
con dos alas.

Los mosquitos sólo tienen dos alas.

Algunos seres vivos necesitan más alas para volar.

Las **libélulas** tienen cuatro alas.

¿Pueden volar los peces?

aleta

El **pez volador** tiene **aletas** grandes que parecen alas.

El pez volador puede saltar muy alto, pero no puede volar.

aleta

El **pez vela** tiene una aleta grande encima del cuerpo.

Puede saltar hacia la superficie del agua, pero no puede volar.

¿Pueden volar las máquinas?

motor

Los aviones pueden volar.

El **motor** impulsa al avión por el cielo.

hélices

Los helicópteros pueden volar.

Unas **hélices** que dan vueltas
los hacen elevarse al cielo.

¿Pueden volar las personas?

Las personas no pueden volar por sí mismas.

Esta mujer está volando en un avión **ultraliviano**.

Los **superhéroes** vuelan en
las películas.

Pero no vuelan de verdad.

Prueba

¿Cuáles de éstos pueden volar?

¡Búscalos en el libro!

Glosario en fotos

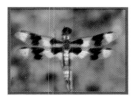

libélula
página 15

ardilla voladora
página 13

tisanuro
página 11

motor
página 18

murciélago frugívoro
página 12

superhéroe
página 21

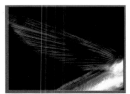

aleta
páginas 16, 17

hélices
página 19

ultraliviano
página 20

pez volador
página 16

pez vela
página 17

Nota a padres y maestros

Leer para buscar información es un aspecto importante del desarrollo de la lectoescritura. El aprendizaje empieza con una pregunta. Si usted alienta a los niños a hacerse preguntas sobre el mundo que los rodea, los ayudará a verse como investigadores. Cada capítulo de este libro empieza con una pregunta que ayuda a categorizar los tipos de cosas y criaturas que vuelan. Lean la pregunta juntos y miren las fotos. ¿Qué más se puede incluir en cada categoría? Comenten dónde pueden buscar las respuestas. Ayude a los niños a usar el glosario en fotos y el índice para practicar nuevas destrezas de vocabulario y de investigación.

Índice

Respuestas de la página 22

Las abejas y las libélulas pueden volar.

Los avestruces no pueden volar.

Las personas no pueden volar por sí mismas.